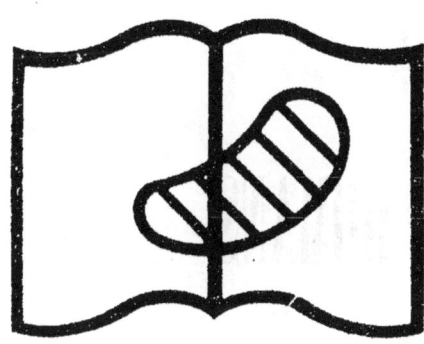

Illisibilité partielle

Contraste insuffisant
NF Z 43-120-14

**Valable pour tout ou partie
du document reproduit**

GUERRES DE RELIGION EN DAUPHINÉ

NOTICE SUR

LA CITADELLE DE ROMANS

SUIVIE DE

LETTRES INÉDITES D'HENRI III ET DE LA VALETTE

PAR

M. ULYSSE CHEVALIER.

GRENOBLE
LIBRAIRIE DE PRUDHOMME, RUE LAFAYETTE, 14.
1867

Impr. de Prudhomme, à Grenoble.

GUERRES DE RELIGION EN DAUPHINÉ

Extrait du Journal *Le Dauphiné*.

670. — Grenoble, impr. de Prudhomme. — A.

GUERRES DE RELIGION EN DAUPHINÉ

NOTICE
SUR
LA CITADELLE DE ROMANS

LETTRES INÉDITES D'HENRI III ET DE LA VALETTE.

On a beaucoup écrit, mais il reste encore beaucoup à dire sur les guerres de religion en Dauphiné; car, malgré la foule de ses écrivains, le xvie siècle est resté l'un de ceux pour lesquels la science historique a le moins fait. Faute de n'avoir pas suffisamment exploré les archives locales, les historiens n'ont pas retracé d'une manière claire et complète les événements de cette époque si agitée et si funeste à notre pays.

La ville de Romans, alors centre populeux et riche, place de guerre importante, fut successivement occupée par différents chefs de partis qui y dominèrent à l'aide de bandes étrangères. Ses registres municipaux ont conservé le souvenir de ces temps malheureux. Ils contiennent un grand nombre de lettres, de documents et de délibérations qui font connaître bien des faits, en rectifient ou en complètent beaucoup d'autres. Toutefois, dans ces guerres fratricides, la plupart des chefs n'étant conduits que par des mobiles peu avouables qui naturellement ont laissé peu de traces, la vérité ne sera jamais complétement connue. Tous prétendaient agir au nom et pour le service du roi, alors même qu'ils désobéissaient à ses ordres et que, ambitieux et sans principes, ils ne combattaient que pour leurs intérêts. Il existait aussi entre eux une sorte d'entente en dehors et au-dessus de tous les partis. Ainsi, à Romans, les mêmes gouverneurs et juges royaux conservèrent leurs fonctions sous les catholiques et sous les protestants.

L'édit de juillet 1587, qui réunit le roi à la Ligue, fut non-seulement une solennelle déclaration de guerre aux huguenots, mais encore une cause de division parmi les royalistes. De La Valette et d'Epernon, estimant leurs services mal récompensés, signèrent, le 14 août, avec Lesdiguières, une union offensive et défensive. De La Valette fit nommer gouverneur de Romans, où dominait l'esprit de la Ligue [1], Balthazar de Flotte, baron, puis comte [2] de La Roche, lequel était en outre chevalier de l'ordre de Saint-Michel, capitaine de cinquante hommes d'armes, et bailli de Saint-Marcellin. Quelque antécédent fâcheux entachait sans doute sa réputation, car les autorités de Romans protestèrent contre sa nomination, rappelant leur fidélité envers le roi et alléguant l'inutilité d'une dépense aussi considérable que celle occasionnée par la présence d'un gouverneur dans leur ville. La Valette prit la défense de son protégé, et, dans une lettre datée de Valence du 18 novembre 1587, il assura les consuls qu'ils auraient toute occasion de se louer du baron de La Roche, et que, s'il arrivait autrement, « il prendrait ce tort comme fait à lui-même » : engagement téméraire que son auteur n'eut garde de tenir lorsque les événements eurent justifié les appréhensions des Romanais.

Dans le commencement de son séjour à Romans, de La Roche vit son autorité limitée par les catholiques ligués. Dans la crainte d'être dépouillé de sa charge, il s'entendit d'abord avec Aymar

---

[1] Si, malgré sa constante fidélité à la royauté, Romans entra dans le parti de la Ligue, ce fut par réaction contre les calvinistes qui, durant leur domination dans cette ville, avaient pillé et ruiné tous ses établissements religieux et hospitaliers.

[2] Les lettres du roi et tous les documents officiels donnent à de La Roche le titre de *baron* jusqu'en 1590, époque où il prit celui de *comte*, par suite de la mort de son père, Jean de Flotte, qui avait eu pour femme Antoinette, comtesse de Montauban.

de Poisieu, seigneur du Passage, qui commandait à Valence (¹). Ensuite il s'aboucha à Serres, de nuit et secrètement, avec Lesdiguières, qui était bien aise d'avoir quelqu'un à sa dévotion en ces quartiers où il prétendait s'étendre un jour. Il s'obligea à le protéger ouvertement, et lui donna trois cents hommes commandés par Artaud. Avec ce secours, de La Roche se rendit entièrement maître de Romans : il s'empara de la garde des portes et de la maison de ville, et imposa silence au chapitre de Saint-Barnard, dont le pouvoir avait singulièrement décliné à la suite des guerres de religion. Le baron de La Roche choisit pour son habitation la maison de Jean de Gillier, malgré les protestations du propriétaire qui, obligé depuis plus de vingt ans de loger plusieurs personnages, avait éprouvé de grands dégâts dans ses appartements et dans ses meubles. L'assemblée municipale engagea M. de Gillier à se prêter à la volonté du gouverneur, lui promettant de le dédommager par l'exemption des tailles.

Afin de mieux se maintenir dans son commandement et de mettre sa fortune à couvert, de La Roche résolut de construire une citadelle sur le même emplacement que le Dauphin Humbert II avait choisi, en 1346, pour y bâtir un château-fort. C'était, sur le coteau de *Chapelier*, l'esplanade de Saint-Romain limitée à l'ouest par le rempart, au nord et au sud par les rives escarpées de la Savasse et de l'Isère : position militaire avantageuse, d'où l'on domine la ville et la rivière.

Les travaux commencèrent immédiatement et furent poussés avec une grande activité. La population de Romans et des environs, mise en réquisition, devait fournir deux cents travailleurs chaque jour : tous étaient contraints de venir, à tour de rôle, ou de se faire remplacer à raison de six sols par journée. La forteresse, avec ses six bastions, était terminée en 1588. Cette construction menaçante et onéreuse pour les Romanais donna lieu à des protestations de la part des autorités. Irrité de cette opposition

---

(¹) Ils étaient proches parents, Aymar de Poisieu ayant épousé Françoise de Flotte.

et se sentant assez fort pour poursuivre ses projets, de La Roche exila Antoine Guérin, juge royal, Jean Montluel, procureur du roi, et plusieurs citoyens notables. Timoléon de Maugiron, qui exerçait les fonctions de lieutenant-général pendant la maladie de son père, vint à Romans pour s'éclaircir des desseins du baron, mais il n'en put obtenir que les protestations d'usage, qu'il serait fidèle au roi et garderait cette ville contre ses ennemis.

M. de Rochechinard, premier consul, ayant été député par la ville de Romans aux Etats généraux de Blois, profita de son séjour à la cour pour faire connaître à Henri III la conduite tyrannique et suspecte du baron de La Roche. A la suite de cette accusation grave et fondée, il rapporta en toute diligence trois dépêches datées du 31 octobre 1588. La première était en forme de lettres-patentes, la deuxième adressée aux autorités de Romans, et la troisième écrite personnellement audit baron. Toutes lui prescrivaient de quitter son commandement, de faire sortir de Romans les gens de guerre qui y tenaient garnison, et de remettre la citadelle aux mains du juge royal et des consuls, pour qu'ils la fissent démolir avec les autres fortifications qu'on avait récemment construites sans l'autorisation du roi. « Ne voulant, ajoutait Henri III, autre forteresse pour son service dans ladite ville, que la fidélité et dévotion accoutumée des habitants. »

Ces ordres furent signifiés par MM. de Lestan, chevalier de l'ordre du roi, Ferrand, conseiller au Parlement, et de Chevrières, avocat général du roi et maître des requêtes du duc de Mayenne. En outre, l'assemblée de la ville désigna, le 11 novembre, trois de ses membres et son secrétaire pour aller faire des remontrances au gouverneur, et le requérir de se conformer aux ordres de Sa Majesté.

La lettre particulière d'Henri III, écrite à une époque où la royauté était plus honorée que redoutée, prévoit pour ainsi dire la désobéissance de de La Roche. Au lieu d'un simple ordre donné par un souverain à son sujet, par un chef à son délégué, ce sont des phrases verbeuses, tour à tour flatteuses et menaçantes, comme celles-ci : « A quoy vous ordonne très-expressément sur
» l'obéyssance que vous debvès, que vous ayez à satisfaire sans y

» faire faulte ny difficulté, et m'obeyssant en cest endroict,
» vous me donnerès occasion de faire pour vous, quand la com-
» modité s'en offrira ; comme aussi faisant le contraire, je y
» pourvoieray de sorte que vous cognoistrès combien est grande
» la faulte a ung subject de contrevenir aux commandements de
» son roy. »

De La Roche ne fut intimidé ni par les ordres du roi, ni par les sommations des commissaires. Oubliant ses devoirs, ses serments et même les convenances, il se maintint dans une attitude de désobéissance ouverte, et, comme pour braver l'autorité royale et celle des magistrats, il fit entrer dans Romans huit compagnies de gens de pied, et demanda l'argent nécessaire pour leur entretien aux consuls de la ville. Par une nouvelle lettre, à la date du 12 mai 1589, La Valette, qui dans toute cette affaire semble jouer un rôle peu loyal, recommande en termes assez embarrassés aux habitants de Romans de jeter un voile sur le passé, de vivre en bonne union avec leur gouverneur. Il assure que le sieur baron y est de son côté tout disposé, et s'offre lui-même à faire tout son possible pour leur soulagement et leur repos.

N'ayant aucun moyen pour résister, le conseil municipal délibéra, le 2 juin, de se soumettre, et de profiter de ces bonnes dispositions pour supplier le gouverneur de permettre le retour des personnes qui, à l'occasion de la construction de la citadelle, avaient été obligées de s'éloigner de la ville. De La Roche y consentit : le juge royal et le procureur du roi reprirent leurs fonctions, et de meilleurs rapports s'établirent entre les autorités.

Le 25 mars 1589, le gouverneur prêta une somme de 1,000 écus à la ville, qui, de son côté, lui fit présent de deux tonneaux de vin blanc et de six fauteils. La confrérie de *Bongouvert* offrit aussi à Mme Marthe de Clermont, à l'occasion de son récent mariage avec le baron de La Roche, une magnifique écharpe de soie cramoisie, garnie de dentelles et de franges d'or. Le prêt de 1,000 écus n'avait été consenti que pour un an. Le remboursement en fut plusieurs fois réclamé ; des poursuites eurent lieu contre les consuls qui avaient garanti cet emprunt ; l'un d'eux, Jean Thomé, fut même emprisonné. Ce qui n'empêcha pas la *comtesse* de La Roche d'emprunter aux consuls, le 20 novembre 1591, 200 écus, et le comte de prêter à la ville, le 21 décembre suivant, une autre somme de 3,000 écus, au denier 12, soit à 9 pour 100.

Les sommes dépensées pour la construction de la citadelle ne furent point payées par le roi. Elles n'étaient pas encore liquidées en 1592. Le lieutenant du gouverneur écrivit aux consuls, le 23 mars, d'avoir à payer 700 et tant d'écus qui restaient dus aux entrepreneurs. La ville demanda une diminution d'un quart des tailles comme dédommagement des frais qu'elle avait supportés pour le fait de cette construction.

Par ses rapports avec plusieurs mécontents, le comte de La Roche avait réveillé les soupçons de la population ; il chercha à se justifier par une démarche publique. Le 6 novembre 1595, il se présenta dans la maison du juge royal ; là, devant les consuls, les capitaines et autres notables de la ville, il repoussa hautement les soupçons injurieux et les bruits qui, disait-il, au préjudice de son honneur et de sa réputation, s'étaient répandus dans le public. Il termina en assurant qu'il était bon catholique, fidèle sujet du roi, et qu'il défendrait la ville dont il était gouverneur contre tous ceux qui voudraient agir contre sa sûreté ou les intérêts du roi. Le secrétaire de la ville, Ricol, dressa un procès-verbal de cette déclaration à laquelle les événements devaient donner un si complet démenti, et qui même ne suffit pas pour désarmer l'opinion publique.

Henri IV, par une lettre du 1er octobre 1597, adressée aux consuls de Romans, précise mieux les faits. Il invite ces magistrats à veiller à la conservation de leur ville, « sur laquelle le duc de Savoye avait des desseins, et de la préserver de toute surprise. » Voici en effet ce qui s'était passé. Charles Simiane, seigneur d'Albigny, fils de de Gordes, mais qui ne marchait pas sur les traces de son illustre père, avait sa compagnie de cavalerie en garnison auprès de Grenoble. Il s'entendit avec Charles-Emmanuel, duc de Savoie. Il fut envoyé à Romans pour ménager les intérêts et préparer les desseins que ce prince, suivant l'avis donné par Henri IV, avait sur cette ville. D'Albigny s'y établit pendant plusieurs mois et chercha, par de grandes libéralités, à capter la faveur populaire. Il réussit à corrompre la fidélité du comte de La Roche par la promesse de lui faire obtenir le gouvernement de la province, dont la conquête, disait-il, était assurée. De La Roche, se laissant aller à de perfides conseils et à une aveugle ambition, promit de livrer la citadelle de Romans à Charles-Emmanuel, dont il était grand-écuyer.

D'Albigny partit pour se mettre à la tête de 3,000 hommes de pied et de quelques cavaliers que devait lui fournir le duc de Savoie qui, de son côté, comptait amuser Lesdiguières à Pont-Charra. Mais il avait affaire à un homme non moins rusé que puissant. Sibeud de Saint-Ferréol, lieutenant du gouverneur de Romans, avait été mis, au dernier moment, dans la confidence du complot, et on lui avait promis 20,000 écus pour son concours. Il en avertit aussitôt le gouverneur du Dauphiné et les officiers du Parlement. Lesdiguières envoya à Romans son brave lieutenant du Poët, avec 12 à 1,500 hommes, et alla, de sa personne, se saisir de Saint-Genis pour couper le passage à d'Albigny.

L'arrivée de du Poët et de sa troupe à Romans fut le signal de la résistance. Le dimanche 19 octobre 1597, à minuit, la chambre des vacations du Parlement (¹), le juge royal, les consuls, Saint-Ferréol et une foule de bons citoyens se réunirent à l'Hôtel-de-Ville. Tous prêtèrent avec enthousiasme serment de fidélité au roi, et résolurent de commencer le siège de la citadelle. On envoya chercher des troupes de toute part, on fit venir des canons de Valence et on barricada les rues. Les habitants furent requis de fournir, suivant leurs moyens, pour le besoin de l'armée, des grains, du vin, du foin, de l'avoine, etc. On se battit pendant six jours, et la citadelle, contre laquelle on avait tiré un millier de boulets, capitula le 25, avec le consentement du maréchal d'Ornano et des conseillers du Parlement, aux conditions suivantes :

(¹) Cette Chambre s'était rendue à Romans à cause d'une maladie contagieuse qui faisait alors des ravages dans Grenoble.

La citadelle sera remise entre les mains du maréchal et des officiers de la cour ; — les habitants qui s'y trouvent pourront se retirer dans leurs maisons; — on leur rendra ce qui a été pris ou la légitime valeur ; — les gens du comte et du sieur d'Albigny seront mis en liberté avec restitution de ce qui leur appartient ; — il est permis au comte et à son épouse (¹), ainsi qu'à leurs domestiques, d'aller et de venir dans la ville; — permission au comte de retirer toutes les assignations de la garnison ;— le comte se retirera vers Sa Majesté pour obtenir le rétablissement en sa charge, à moins que le maréchal et le Parlement pensent qu'il serait plus expédient de faire démolir la citadelle : — le tout sous le bon plaisir du roi.

Si plusieurs articles de cette capitulation sont de nature à faire naître l'étonnement, on sera encore plus surpris en apprenant que le besoin d'oublier le passé a pu porter Henri IV à dire un jour au comte de La Roche qu'il était content de ses services : services, dans tous les cas, déshonorés par la désobéissance et la trahison !

Quoi qu'il en soit, le jour même de sa reddition, la forteresse fut remise à Aymard de Virieu et à Claude des Portes, conseillers. Saint Ferréol, avec sa compagnie de cent hommes de pied, se chargea de la garde de Romans, dont l'année suivante il fut nommé gouverneur en récompense de sa belle conduite. Les consuls reçurent du maréchal de Lesdiguières, du premier président du Parlement et des commis des Etats, des lettres de félicitation « sur l'heureuse issue advenue en ceste ville, qui avait » échappé aux desseins et conspirations des ennemis du roi. »

Le lendemain, sur la convocation faite par le maréchal d'Ornano et les officiers de la cour, les juge, consuls et notables de Romans, assistés de plusieurs seigneurs des environs, s'assemblèrent à l'Hôtel-de-Ville. Ils rédigèrent une adresse pour demander la démolition de la citadelle, « en considération de la fidélité

(¹) Durant le siége de la citadelle, cette dame avait continué à résider dans la ville, où l'on avait eu pour elle les plus grands égards.

» et obéyssance en laquelle les susdits habitants se sont toujours
» comportés pour le service de S. M., sans avoir jamais donné
» subject à la construction de la susdite citadelle, construite sans
» authorité ou pouvoir légitime, laquelle n'a tourné qu'à leur
» ruyne et malheur tel qu'il n'en fut jamais veu, oüy et entendu
» en ce pays..... Qu'ils ne peuvent rien tant désirer que la dite
» citadelle estre razée et démolye, comme les dits habitants offrent
» faire à leurs despens. »

En conséquence, de conformité à l'avis de Lesdiguières et à l'ordre du Parlement, la citadelle fut rasée. Le peuple, suivant la remarque de M. Dochier, démolit avec plus d'ardeur qu'il n'en avait mis à construire. Les matériaux servirent pour les réparations de l'église de Saint-Nicolas qui avait été ruinée par les protestants, et l'emplacement fut donné par la ville pour y établir un couvent de capucins. La *maison du roi* qu'avait bâtie et occupée le gouverneur était encore debout. Un arrêt du 10 décembre 1597 ordonna que cet asile d'un traître serait démoli.

Pendant la trahison du gouverneur et encore après la capitulation de la citadelle, Romans fut dans une confusion extrême. Il fallut pourvoir aux besoins des troupes de toutes armes et des 2,000 volontaires accourus des villages voisins. Voici un résumé de ces dépenses et des comptes relatifs « à l'expugnation et razement de la citadelle » :

Pour 3,090 quintaux de foin, à 33 s. les 100 liv.   1,030 écus.
Pour 2,980 raz d'avoine, à 40 s. le raz.......   1,190 » »
Pour 600 charges de froment, à 4 écus le sétier.   2,400 » »
Pour 432 charges de vin, à 3 écus la charge..   1,296 » »
Pour deniers comptants distribués aux gens de
guerre, outre le pain et le vin..................   4,345 » »
Pour une couleuvrine crevée audit siége ([1])...   800 » »

                         A reporter..... 11,061 écus.

([1]) La ville paya en outre les réparations faites aux roues et aux affûts de plusieurs canons endommagés pendant le siége, et la perte d'un mulet employé à porter une couleuvrine.

Report.....	11,061	écus.	
Pour huit quintaux de poudre et mille boulets.	2,833	»	»
Pour remboursement des assignations de la garnison...	1,500	»	»
Pour vacations aux officiers des vivres.........	265	5ˢ	»
Pour frais de messagers et de démolition	700	1ˢ	6ᵈ
Pour frais de fournitures desdites avances	395	»	»
Total...............	16,754	6ˢ	6ᵈ

Sur l'ordre exprès du roi, la Chambre des comptes du Dauphiné homologua, le 16 février 1599, l'état des avances faites par la ville de Romans, et ordonna que le remboursement de la somme de 16,754 écus 6 sols et 6 deniers serait imposé sur le général des feux de la province, et payé aux consuls de Romans par le receveur du pays. Les habitants demandèrent en outre 8,444 écus et 20 sols « pour desgrevement et remboursement de » plusieurs sommes par eux fournies, et pour foules par eux » souffertes durant le dit siége : maisons ruinées, pipes, ton- » neaux, bois pour les barricades, nourriture et médicaments » pour les blessés. » Le Parlement n'alloua que 200 écus, et la ville fut dans l'obligation de s'imposer une contribution de 18 livres par feu pour combler ce déficit.

Pour perpétuer le souvenir du dévouement des Romanais et rendre grâces à Dieu du danger dont ils avaient été préservés, les magistrats résolurent de faire chaque année, le dimanche après le 25 octobre, jour de la reddition de la citadelle, une procession générale à laquelle on convoquerait tous les corps religieux. En 1634, l'arrivée tardive des Cordeliers et des Capucins à cette procession, et leurs efforts un peu brusques pour reprendre leur rang, occasionna une scène regrettable que M. Dochier a pris soin de retracer avec une certaine complaisance.

Après la reddition de la citadelle, de La Roche se trouva en face des officiers des finances, qui se montrèrent de moins facile composition que les autorités. Les receveurs généraux de l'Extraordinaire firent un procès à Jean Magnat, qui avait fait la recette et la dépense des sommes employées à la construction de la citadelle. Ce receveur produisit les quittances du gouverneur, qui fut condamné à restituer 1,503 écus, par arrêt du 10 mai 1601. La ville de Romans, de son côté, poursuivit de la Roche au sujet des dépenses qu'il lui avait imposées à l'occasion de la même construction. Elle obtint un arrêt favorable à sa demande le 6 juillet 1602. Mais, comme dans toute cette affaire l'étonnement doit en égaler l'obscurité, le duc de Lesdiguières, lui aussi, prit en main les intérêts du comte de La Roche pour qui, disait-il, il avait beaucoup d'estime et d'amitié. Il fit appeler à Grenoble les consuls de Romans, et, après les avoir reçus avec une grande bienveillance, il les invita à ne pas donner suite à l'arrêt qui abolissait la rente de 465 écus que la ville devait à son ancien gouverneur, et à terminer ce procès à l'amiable. Les consuls refusèrent d'acquiescer à une proposition si contraire aux intérêts qu'ils étaient chargés de défendre.

Nous terminerons en rappelant que le comte de La Roche végéta pendant plusieurs années et finit, longtemps après sa première trahison, par perdre la vie sur un échafaud. Ses biens furent confisqués pour crime de lèse-majesté au premier chef, par un arrêt de janvier 1632. Toutefois, Jean Guillaume de Flotte, son second fils, obtint de rentrer dans l'hérédité paternelle à cause des substitutions et des fidéicommis faits par ses ancêtres.

Ulysse CHEVALIER.

I. *Lettre de M. de La Valette aux consuls et habitants de Romans.*

Messieurs, jay veu voz mémoires, lesquels je recognoiz contenir deux chefs principaulx : lung la fidelité que vous avés toujours heue a notre Roy, laultre la despence que vous pretandés ce nouveau establissement vous apporter. Sur quoy, je vous direy pour le premier chef que je vous serey toujours bon tesmoingt de votre singuliere fideiité et affection. Tant sen faut que je voulisse sur ce doubte vous donner ung gouverneur, c'est pour daultres considérations que je ne vous ay teues et des quelles je ne vous ferey redictes par cest cy. Quant est de la despence, cest chose que jespere regler de facon que cela ne vous viendra a nulle charge : partant je vous prieray, toutes passions cessant, de vous conformer en cella a la voulante du Roy en recepvant le baron de la Roche pour tel quil plaist a sa magesté le vous donner ; masseurant que vous aurés toute occasion de vous louer de la nomination que je luy ay faicte de luy, et quant il en arriveroit aultrement, je prendrois le tort quil vous feroit estre faict à moy et non a vous aultres, a qui je ne tairey davoir de lobligation pour lassistance que mavés donnée en ceste charge, pour revanche de la quelle je vous demeure pour toujours le plus parfaict et asseuré de voz amys. Sur ce je finirey la presente en suppliant le Créateur de vous avoir, Messieurs, en sa saincte et digne garde.

A Valence, le xviii° jour du mois de novembre 1587.

Votre parfaict amy,

La Valette.

II. *Lettre d'Henri III aux juge, consuls et habitants de la ville de Romans.*

Chers et bien Amez. Le tesmoignage que vous avés toujours donné de votre fidelité dont nous sommes tres bien informés, vous garantit en notre endroict de tout soubson que ayés aulcune participation de voulante aux choses qui ont passé despuis quelque temps et passent encores en votre ville contre notre intention; au moyen de quoy, si nous sommes contraincts venir a la rigueur, nous ne lestendrons contre ceulx que nous scaurons ne lavoir merité, et aurons toujours le soulagement de votre ville en toute recommandation que nous pourrons. Nous avons faict bailler a votre premier consul, present porteur, la despeche quil a demandée, tant pour la descharge du baron de la Roche, sil tient parolle, que pour la démolition de toute fortification quil a faict faire, ne voulant autre forteresse, pour notre service dans la dicte ville, que votre fidelité et devotion accoustumée.

Donné à Blois, le dernier jour doctobre 1588.

HENRY.

REVOL.

III. *Lettres patentes du Roy pour la descharge de Monsieur de la Roche, touchant la dicte ville.*

Henry, par la grace de Dieu, Roy de France et de Pologne, Daulphin de Viennois, comte de Valentinois et Dyois, a notre cher et bien amé le baron de la Roche, cappitaine de cinquante hommes darmes de noz ordinaires, commandant a present en notre ville de Romans, salut. Dautant que pour la fidelité que nous ont toujours rendu noz subjects de notre ville de Romans, nous entendons nous reposer sur eulx de la garde et conservation dicelle soubs notre obeyssance et les descharger, ensemble le pays, de la despence quil convient faire concernant garnizon de gentz de guerre : A ces causes, nous vous commandons et tres expressement enjoygnons par les presentes que vous ayés, incontinant et sans délay, a vous retirer et sortir de la dicte ville et faire vuider hors dicelle et de la citadelle, qui a esté de nouveau construite, tous et chascungs les gentz de guerre qui y sont, remettant, en ce faisant, la dicte ville et citadelle en les mains des juge et consuls dicelle ville, lesquels demeureront chargés, comme nous les chargeons par les presentes, de les bien garder pour notre service apres la delivrance que leur en aurés faicte, et vous en aurés descharge et deschargeons sans que, a l'occasion de la charge et gouvernement quil vous en a esté cy devant commiz, vous puisse estre aulcune chose imputée ny demandée a lavenir, promettant de bonne foy et parolle de Roy vous en tenir a toujours et faire tenir quitte et deschargé partout ou il appartiendra, sans souffrir que vous soiés pour ce regard inquieté ni molesté en quelque sorte et maniere que ce soit, car tel est notre plaisir.

Donné à Blois, le dernier jour du mois doctobre de lan mil cinq cent quatre vingt huit et notre regne le quinziesme.

HENRY.

Par le Roy daulphin, REVOL.

IV. *Lettre du Roy au baron de la Roche.*

Monsieur de la Roche, voulant soulager nos peuples des despences, tant quil est possible, jay advisé de commettre la garde de ma ville de Romans aux officiers, consuls et habitants sans y tenir garnizon ; sachant quils sen sont acquitté par le passé avec tant de soing et de fidelité, que jay occasion de men reposer sur eulx ; et vous ay, à ceste fin, faict despecher mes lettres patantes portant votre descharge et commandement de faire vuyder de la dite ville et de la citadelle les gentz de guerre qui y sont, remettre et laisser icelles places libres entre les mains des juge et consuls de la dite ville. A quoy vous ordonne tres expressement, sur lobeyssance que vous me debvés que vous ayés a satisfaire, sans y faire faulte ny difficulté, et mobeyssant en cest endroict vous me donnerés occasion de faire pour vous, quand la commodité sen offrira : comme aussi faisant le contraire, je y pourvoieray de sorte que vous cognestrés combien est grande la faulte a ung subject de contrevenir aux commandements de son Roy. Priant Dieu, Monsieur de la Roche, quil vous ayt en sa saincte garde.

Escript à Blois, le dernier jour doctobre 1588.   HENRY.

REVOL.

www.ingramcontent.com/pod-product-compliance
Lightning Source LLC
Chambersburg PA
CBHW071449060426
42450CB00009BA/2349